BEI GRIN MACHT SICH IHR WISSEN BEZAHLT

- Wir veröffentlichen Ihre Hausarbeit,
  Bachelor- und Masterarbeit

- Ihr eigenes eBook und Buch -
  weltweit in allen wichtigen Shops

- Verdienen Sie an jedem Verkauf

Jetzt bei www.GRIN.com hochladen
und kostenlos publizieren

Anne Schillingmann, Melanie Gruhnert,, Henrike Hapke, Melissa List,
Karolin Marchio, Lena Ohnesorge, Caroline Schütze

Beurteilung von Schülern und Schülerinnen mit diagnostizierter Lese- Rechtschreibstörung im Literaturunterricht

GRIN Verlag

Bibliografische Information der Deutschen Nationalbibliothek:

Die Deutsche Bibliothek verzeichnet diese Publikation in der Deutschen National-
bibliografie; detaillierte bibliografische Daten sind im Internet über http://dnb.d-
nb.de/ abrufbar.

Impressum:

Copyright © 2014 GRIN Verlag GmbH
Druck und Bindung: Books on Demand GmbH, Norderstedt Germany
ISBN: 978-3-656-75593-7

Dieses Buch bei GRIN:

http://www.grin.com/de/e-book/281409/beurteilung-von-schuelern-und-schuelerin-
nen-mit-diagnostizierter-lese

GRIN - Your knowledge has value

Der GRIN Verlag publiziert seit 1998 wissenschaftliche Arbeiten von Studenten, Hochschullehrern und anderen Akademikern als eBook und gedrucktes Buch. Die Verlagswebsite www.grin.com ist die ideale Plattform zur Veröffentlichung von Hausarbeiten, Abschlussarbeiten, wissenschaftlichen Aufsätzen, Dissertationen und Fachbüchern.

Besuchen Sie uns im Internet:

http://www.grin.com/

http://www.facebook.com/grincom

http://www.twitter.com/grin_com

Stiftung Universität Hildesheim
Institut für deutsche Sprache und Literatur
Wintersemester 2013/14
Seminar: Bewerten, beurteilen und benoten im Literaturunterricht

Referentinnen: Melanie Gruhnert, Henrike Hapke, Melissa List, Karolin Marchio, Lena Ohnesorge, Anne Schillingmann
und Caroline Schütze

Beurteilung von Schülern und Schülerinnen mit diagnostizierter Lese-Rechtschreibstörung im Literaturunterricht

Lese-Rechtschreibstörung

Legasthenie (auch Lese-Rechtschreib-Störung) bezeichnet „eine umschriebene Störung im Erlernen der Schriftsprache, die nicht durch eine allgemeine Beeinträchtigung der geistigen Entwicklungs-, Milieu- oder Unterrichtsbedingungen erklärt werden kann. Vielmehr ist die Legasthenie das Ergebnis von Teilleistungs-schwächen der Wahrnehmung, Motorik und/oder der sensorischen Integration, bei denen es sich um an-lagebedingte und/oder durch äußere schädigende Einwirkungen entstandene Entwicklungsstörungen von Teilfunktionen des zentralen Nervensystems handelt." (Deutsches Institut für Medizinische Dokumentation und Information 2012, S. 12).

Legastheniker haben demnach Probleme mit der Umsetzung der gesprochenen in geschriebene Sprache und umgekehrt. Charakteristisch ist dabei die Häufigkeit und hohe Stabilität der Fehler, wobei das Kind meist nicht einmal beim wiederholten Üben erkennen kann, ob das Wort richtig oder falsch gelesen bzw. ge-schrieben ist. Mögliche Anzeichen einer Legasthenie sind z.B. auffallend große Schwierigkeiten beim Lesen und Schreiben, sehr langsames, fehlerhaftes Lesen, das Auslassen von Buchstaben oder Silben, undeutliche Aussprache, Probleme beim Niederschreiben von Gehörtem oder Abschreiben von der Tafel sowie die häufige Verwechslung ähnlicher Wörter und Buchstaben.

Um eine Lese-Rechtschreib-Störung genau feststellen zu können, werden Fachleute (Schulpsychologen) benötigt, die mit dem Kind bestimmte Tests durchführt. Das diagnostische Vorgehen muss den An-forderungen, der internationalen Standards der Psychologie und Pädagogik entsprechen. Dieses orientiert sich an dem „mutlitaxialen Diagnoseschema" und beinhaltet folgende Bereiche (vgl. Warnke et. al. 2004, S. 20):

- Psychische Gesundheit des Kindes
- Entwicklung der motorischen und sprachlichen Fertigkeiten sowie Entwicklung der schulischen Fertigkeiten
- Intelligenzentwicklung
- Körperlich-neurologische Entwicklung
- Psychosoziale Lebensumstände des Kindes
- Einschätzung der psychosozialen Anpassung: Wie schwerwiegend ist die Störung und beeinträchtigt das Kind?

LRS wird durch standardisierte Tests diagnostiziert, die auf die Klassenstufe abgestimmt werden. Die test-diagnostische Überprüfung setzt sich zusammen aus: Lesen, Rechtschreibung und der Ermittlung der Intelligenz des Kindes. Das Intelligenzniveau sollte deutlich höher sein als das Lese- Rechtschreibniveau, wenn eine Störung festgestellt wird (vgl. ebd., S. 21).

Rechtlichen Grundlagen für die Gewährung des Nachteilsausgleichs

Kinder mit diagnostizierter „Legasthenie" oder „LRS" können teilweise besondere Fördermöglichkeiten (finanzielle Unterstützung für eine Förderung oder Therapie) und eine rechtliche Sonderstellung in der Schule (Nachteilsausgleich) erhalten (vgl. LegaKids 2012). Die Rahmenrichtlinien in Form von Erlassen und Verwaltungsvorschriften fallen je nach Bundesland jedoch unterschiedlich aus. Auch die Umsetzung an den Schulen unterscheidet sich hinsichtlich Diagnose und Förderung (vgl. Bundesverband Legasthenie und Dyskalkulie e.V. o.J.).

Was ist nun unter einem Nachteilsausgleich zu verstehen? Es ist ein Verfahren, „um Teilleistungsstörungen bei Schülerinnen und Schülern auszugleichen. Damit soll Schülerinnen und Schülern, die eine Behinderung oder ein klinisch beschriebenes und gutachterlich festgestelltes Erscheinungsbild bestimmter Teilleistungs-störungen nachweisen, ein ihren Fähigkeiten angemessener Weg durch das [...] Schulsystem ermöglicht werden." (Staatliche Schulberatung in Bayern o.J.). In Niedersachsen ist der sog. Nachteilsausgleich im „Er-lass zur Förderung von Schülerinnen und Schülern mit besonderen Schwierigkeiten im Lesen, Rechtschreiben oder Rechnen" vom 4.10.2005 geregelt, der vorrangig im Primarbereich und im Sekundarbereich I gewährt wird. „Die Leistungsanforderungen werden hierbei nicht geändert. Es können jedoch Hilfen zugelassen werden wie Zeitzuschläge oder die Nutzung technischer Hilfsmittel. In gewissem Umfang ist auch ein Ab-weichen von allgemeinen Grundsätzen der Leistungsbewertung möglich. So kann z. B. die Rechtschreibung nur in geringerem Umfang in die Bewertung einbezogen werden." (Niedersächsisches Landesinstitut für schulische Qualitätsentwicklung 2012). „Die Abweichungen von den allgemeinen Grundsätzen der Leistungs-feststellung und -bewertung sind in den Zeugnissen zu vermerken, nicht jedoch in Abgangs- und Abschluss-zeugnissen; bei diesen gelten die allgemeinen Grundsätze der Leistungsbewertung." (Niedersächsisches Kultusministerium 2005). Im Erlass wird darüber hinaus darauf hingewiesen, dass Schülerinnen und Schüler mit nichtdeutscher Erstsprache besonderer Beachtung bedürfen (siehe dazu Erlass (vgl. Niedersächsisches Landesinstitut für schulische Qualitätsentwicklung 2005)).

Schulpraktische Bewertungsverfahren

Die folgenden Ausführungen sind dem Bewertungs- und Förderkonzept einer von der Seminargruppe ausgewählten Schule (Haupt- und Realschule) entnommen:

1. In der Klassenkonferenz wird auf der Grundlage der individuellen Lernentwicklung darüber entschieden, ob bei Schüler XY die Notwendigkeit für eine Abweichung der allgemeinen Leistungsbewertung vorliegt. Für eine solche Feststellung führt die Lehrerin/der Lehrer während eines Halbjahres verschiedene Pläne, die eine prozessbegleitende Beobachtung und Dokumentation über die individuelle Lernentwicklung jedes Schülers voraussetzen. → *Siehe Anlagen im Learnweb: Dokumentationsplan für alle Fächer, Einzelplan zur individuellen Förderung, Protokollauszug einer Klassenkonferenz*

2. Vor dem Hintergrund des Nachteilsausgleiches werden je nach Schüler verschiedene Abweichungen von der allgemeinen Leistungsbewertung im Literaturunterricht umgesetzt:

   - Ausweitung der Arbeitszeit
   - Formulieren einer dem Lernstand angemessenen Aufgabenstellung / Reduktion bzw. Veränderung der zu erbringenden Leistung
   - Zeitweiliger Verzicht auf die Bewertung der Rechtschreibleistung
   - Verbale Beschreibung des Lernfortschrittes statt Note
   - Veränderte Gewichtung der Teilnoten: Sprache und Inhalt jeweils 50% (modifizierte Bewertung)
   - Mündliche statt schriftliche Leistungsfeststellungen
   - Aufgaben werden von der Lehrkraft bei schriftlichen Arbeiten vorgelesen
   - Mediale Hilfsmittel (z.B. Wörterbuch, Vokabelheft)
   - Bewertung einer „überarbeiteten Klassenarbeit"
   - → siehe Anlage im Learnweb: Schülerbeispiel (7. Klasse, HS)

3. Die angewendeten Abweichungen von den allgemeinen Grundsätzen der Leistungsbewertung werden in den Zeugnissen vermerkt. Mediale Hilfsmittel werden erst angegeben, wenn die Regelanforderungen herabgesetzt werden. Dies trifft jedoch nicht auf die Abgangs- und Abschlusszeugnisse zu.

Literatur

Bundesverband Legasthenie und Dyskalkulie e.V. (Hrsg.): Schulrecht. <http://bvl-legasthenie.de/recht/schulrecht> (Stand: o.D.) (Zugriff: 26.11.2013).

Deutsches Institut für Medizinische Dokumentation und Information (Hrsg.): Entwicklungsstörungen. F80-85. <http://www.dimdi.de/static/de/klassi/icd-10-gm/kodesuche/onlinefassungen/htmlgm2012/block-f80-f89.htm>(Stand:2012) (Zugriff: 22.11.2013).

LegaKids (Hrsg.): LRS, Legasthenie & Co. Ein Ratgeber für Eltern, Lehr- und Förderkräfte rund um das Thema Lesen und Schreiben. <http://www.legakids.net/fileadmin/user_upload/Downloads/Bestellung/LRS-Brosch-Aug2012.pdf> (Stand: 2012) (Zugriff: 26.11.2013).

Niedersächsisches Landesinstitut für schulische Qualitätsentwicklung (Hrsg.): Integration und Förderung von Schülerinnen und Schülern nichtdeutscher Herkunftssprache. <http://www.nibis.de/nli1/ikb/erlasse/SVBL%2009-05%2019.08-475.pdf> (Stand: 2005) (Zugriff: 26.11.2013).

Niedersächsisches Landesinstitut für schulische Qualitätsentwicklung (Hrsg.): Nachteilsausgleich bei Lese-Rechtschreibschwäche. <http://www.nibis.de/nibis3/uploads/2bbs-zuraw/files/Nachteilsausgleich_1_Protokoll_201209.doc> (Stand: 2012) (Zugriff: 26.11.2013).

Niedersächsisches Kultusministerium (Hrsg.): Niedersächsisches Schulgesetz. Erlass zur Förderung von Schülerinnen und Schülern mit besonderen Schwierigkeiten im Lesen, Rechtschreiben oder Rechnen. <http://www.schure.de/22410/26,81631,05.htm> (Stand: 2005) (Zugriff: 26.11.2013).

Staatliche Schulberatung in Bayern (Hrsg.): Nachteilsausgleich. Übersicht. <http://www.schulberatung.bayern.de/schulberatung/bayern/fragen_paed_psy/lern_leistungsschwierigkeiten/index_07807.asp> (Stand: o.J.) (Zugriff: 26.11.2013).

Warnke, Andreas, Hemminger, Uwe & Plume, Ellen (2004). Ratgeber Lese- Rechtschreibstörungen. Informationen für Betroffene, Eltern, Lehrer und Erzieher. Hogrefe Verlag für Psychologie: Göttingen, Berlin, Toronto, Seattle.